하시딤의 가르침에 따른 인간의 길

Martin Buber
*DER WEG DES MENSCHEN
NACH DER CHASSIDISCHEN LEHRE*
WERKE, Bd. III, *Schriften zum Chassidismus*, SS. 713-738

Kösel Verlag, München 1963

Translated by Chang Yik
Korean translation copyright © 1977 by Benedict Press, Waegwan,
Korea.

하시딤의 가르침에 따른 인간의 길

1977년 3월 초판 1쇄
2023년 10월 초판 20쇄
2026년 2월 5일 신판 1쇄

지은이	마르틴 부버
옮긴이	장익
펴낸이	박현동
펴낸곳	성 베네딕도회 왜관수도원 ⓒ 분도출판사
찍은곳	분도인쇄소

등록	1962년 5월 7일 라15호
주소	04606 서울 중구 장충단로 188 분도빌딩(분도출판사 편집부)
	39889 경북 칠곡군 왜관읍 관문로 61(분도인쇄소)
전화	02-2266-3605(분도출판사) · 054-970-2400(분도인쇄소)
팩스	02-2271-3605(분도출판사) · 054-971-0179(분도인쇄소)
홈페이지	www.bundobook.co.kr

ISBN   978-89-419-2601-6 04230
ISBN   978-89-419-2650-4 (세트)

하시딤의 가르침에 따른

인간의 길

마르틴 부버 지음 · 장익 옮김

분도출판사

차 례

머리말　　　　　　　　　　　7

마음 살핌　　　　　　　　11

독특한 길　　　　　　　　19

결심　　　　　　　　　　29

시작은 자기로부터　　37

아집　　　　　　　　　　45

제자리에서　　　　　　55

마르틴 부버　　　　　　65

역자의 말　　　　　　　69

머리말

하시디즘이라는 말(히브리 말로 원래 '하시두트', 즉 '충성', '도리', 나아가서 '독실', '독실파')은 18세기 중엽 동유럽 유다인계에 널리 미친 신비적 종교운동을 가리키는데, 오늘날까지도 수많은 회중을 헤아리고 있다.

대부분의 신앙 체제를 보면 신자가 관능의 세계를 버리고 자신의 본성을 극복함으로써 하느님과 완전한 관계를 맺을 수 있다고 여기고 있다. 하시디즘은 다르다. 물론 그들에게도 하느님을 좇는 일이 인간으로서 가장 높은 이념이지만, 이를 성취하기 위해서는 지상 존재의 외적 또는 내적 현실을 버려야 하는 것이 아니라, 도리어 이 현실을 하느님을 향한 그 본연에서 긍정함으로써 하느님께 바칠 수 있도록 변혁해야 한다는 것이다.

하시딤의 가르침이 결코 범신론은 아니다. 하시딤은 하느님의 절대적 초연성을 가르치되 이를 하느님의 조건부 내재와 연관해서 가르친다. 세상은 하느님 빛의 발로지만 제 나름의 자립과 지향이 있다. 그래서 언제나 어디서나 '껍데기'를 만들어 쓰고 있을 수 있는 것이다. 인간만이 그 껍데기를 깨고 세상을 풀어 주어 그 근원과 도로 하나 되게 해 줄 수 있다. 이 일은 인간이 사물과 거룩한 관련을 맺고 이를 거룩하게 씀으로써, 다시 말해 그 일에 있어 자기의 의지가 하느님의 초연성을 향하게 함으로써 성취될 수 있다. 이렇게 해야 신적 내재가 껍데기의 귀양살이에서 풀려난다는 것이다.

마찬가지로 인간 각자 안에도 신적인 힘이 담겨 있다. 그런데 다른 어떤 존재에서보다도 인간에게서 이 힘이 악용되고 오용될 수 있다. 인간이 이 힘을 그 근원으로 돌리지 않고 향방 없이 아무것이나 닥치는 대로 차지하도록 두면 그렇게 된다. 정열을 거룩하게 하는 대신 악하게 하는 것이 된다. 그러나 이 경우에도 구원의 길은 열려 있다. 자신의 온 힘을 다해 하느님께 '돌아서는 자'는 우주의 그 지점에서 신적 내재를 자기로 인한 저락에서 들어 올린다.

인간 각자의 소명은, 하시딤의 가르침에 따르면, 하느님을 위해 세상과 자아를 긍정함으로써 둘 다 변혁하는 데에 있다.

마음 살핌

북부 벨라루스의 라삐였던 슈뇌르 살만(†1813) 옹이 상트페테르부르크에서 투옥되었다. 그의 사상과 생활에 대해 (하시딤의 적들인) 미트나그딤이 정부에 무고했기 때문이었다. 재판을 기다리는 동안 간수장이 감방에 들어왔다. 묵상에 깊이 잠겨 처음에는 누가 들어온 것도 모르고 있던 라삐의 근엄하고도 평온한 얼굴을 보고 제 나름대로 생각 있는 간수장도 그가 어떤 인물인지 짐작이 갔다. 그래서 죄수와 이야기를 차차 나누면서 자기가 성경을 읽다가 떠올랐던 것들을 몇 가지 물어보았다. 마침내 "전지하신 하느님이 아담에게 '너 어디 있느냐?'라고 하셨다는데, 이 말을 우리가 어떻게 알아들어야겠습니까?" 하고 물어보았다.

라삐는 "성경이 영원하고 모든 시대, 모든 세대, 모든 인간이 거기 담겼다고 믿습니까?" 하고 되물었다.

"네, 믿지요" 하고 그는 대답했다.

"그렇다면 시대마다 하느님은 사람 하나하나에게 '너는 네 세상 어디에 있느냐. 네게 주어진 몇몇 해가 지나고 몇몇 날이 지났는데, 그래, 너는 네 세상 어디쯤까지 와 있느냐?' 하고 물으십니다. 그러니까 하느님이 하시는 말씀은, 말하자면 하느님이 '너는 이제 마흔여섯 해를 살았는데 그래 어디쯤 와 있느냐' 하는 식이지요" 하고 차딕(의인)은 말했다.

간수장은 자기 나이를 듣자 정신이 번쩍 들어 라삐의 어깨에 손을 얹고는 "암 그럼요" 하고 외쳤으나 마음은 떨렸다.

이 이야기에서 무슨 일이 일어나고 있는가.

얼핏 보기에는 『탈무드』(율법 주석서)에 나올 법한 이야기 같기도 하다. 그런 유의 이야기들을 보면 흔히 로마 사람이나 다른 안 믿는 이가 유다교 교리에 담긴 모순이라도 폭로할 셈으로 유다인 현자에게 어떤 성경 구절에 대해 물어 오면, 도리어 그런 모순은 있지도 않다는 풀이를 들려주거나 아니면 묻는 이가 내세우는 것을 달리 반박하기도 하고, 때로는 정답에 개인적 훈계까지 덧붙여 주는 것을 볼 수 있다. 그러나 잘 살펴보면 이런 탈무드식의 이야기와 앞서 본 하시딤 이야기 간에는, 비록 그 차이가 첫눈에는 사실보다 더 커 보이기는 하나, 역시 중요한 차이가 있다. 이 차이점은 답이 질문과는 다른 차원에서 주어지는 데에 있다.

간수장은 유다교 교리의 모순으로 여겨지는 점을 하나 폭로하려 한다. 유다인들은 하느님을 전지하신 분으로 믿을진대, 성경은 하느님으로 하여금 마치 모르는 것을 알고자 묻는 이들이 묻듯이 질문을 하게 한다는 것이다. 하느님은 숨어 버린 아담을 찾으신다. 어디 있느냐고 낙원으로 불러 보신다. 이것은 모르시기에, 하느님께로부터 숨을 수도 있기에 그러시는 것이 아닌가? 따라서 전지하지 않으신 것이 아닌가?

한데, 라삐는 이 구절을 풀이해 주고 모순으로 보이는 점을 해답해 주는 대신, 같은 구절을 발판 삼아 간수장의 과거 생활, 그의 경박하고 지각없고 무책임한 삶을 책망할 따름이다.

너 나와는 무관한 하나의 물음, 이 경우 제아무리 진지했다 하더라도 실상 참 물음이 못 되고 그저 논쟁의 한 형태에 지나지 않던 물음이, 하나의 개인적 응답, 응답이라기보다는 개인적 설유를 유발한 것이다. 그렇기에 탈무드식 대답에서 남는 것이라고는 때때로 덧붙는 훈계뿐인 듯한 느낌이다.

그러나 이제 이야기를 좀 더 가까이 살펴보

자. 간수장이 물은 것은 아담의 죄가 담긴 구절에 대해서였다. 라삐의 답이 뜻한 것은, 사실 "네가 바로 아담이야. '너 어디 있느냐?'라고 하느님이 물으시는 사람은 바로 너야"라는 말이 된다. 그렇다면 답이 이 구절 자체에 대해서는 아무 풀이도 안 해 준 셈이 된다고 하겠다. 그러면서도 기실 성경에 나오는 아담의 처지뿐 아니라 모든 때와 모든 곳의 모든 사람의 처지를 밝혀 주고 있는 것이다. 성경의 물음이 자기를 두고 한 말임을 간수장이 깨닫자, 하느님이 "너 어디 있느냐?" 하고 물으실 때, 그것이 무엇을 뜻하는가를 아울러 깨닫지 않을 수 없기 때문이다. 그것이 아담에게 하신 물음이든 다른 사람에게 하신 물음이든 마찬가지다. 이렇게 물으심으로써 하느님이 모르시던 무엇을 배우시자는 것은 아니다. 하느님이 뜻하시는 바는 바로 그런 물음이 아니고서는 날 수 없는 효과를 인간에게서 내고자 하시는 것이다. 그 물음이 사람 마음까

지 와닿기만 한다면, 인간이 제 마음에 와닿도록 하기만 한다면 말이다.

아담은 셈 바치기를 꺼려, 자신의 생활양식에 대한 책임을 회피하려고 숨는다. 사람은 누구나 이런 동기로 숨는다. 사람은 누구나 아담이고 아담의 처지에 놓였기 때문이다. 자신의 생활에 대한 책임을 회피하려고 자기 실존을 온갖 은신처로 꾸민 요지경으로 만들어 놓는다. 그리고 하느님 면전에서 숨고 또 숨고 함으로써 점점 더 깊은 타락에 얽매여 들어간다. 하루가 가고 이틀이 갈수록, 새 은신처로 숨어들수록, 더욱 석연치 않은 새 상황이 빚어진다. 이 상황이란 정확히 말하자면 이런 것이다. 즉, 사람은 하느님 눈에서 숨을 수 없으나, 그래도 숨으려 함은 자신에게서 숨으려는 것이다. 하기야 자신 안에도 자기를 찾는 무엇이 있지만, 그 '무엇'으로 하여금 자기 찾기를 점점 어렵게 만드는 것이다.

이 물음은 그러니까 사람을 깨우고 그가 은신

처로 꾸민 요지경의 세계를 깨뜨리게끔 되어 있다. 그가 어떤 곤경에 빠졌는가를 보여 주고 탈피할 용단을 내리도록 그를 깨우게끔 되어 있다.

이제 모든 것은 인간이 이 물음에 정면으로 응하느냐 않느냐에 달려 있다. 물론 어떤 사람이고 이 물음을 들을 때 저 간수장처럼 마음이 떨릴 것이다. 그렇더라도 그의 은신술이 두려운 마음을 극복하는 데 도움이 되어 줄 것이다. 묻는 그 '소리'는 인간의 존재 자체를 위협하는 천둥처럼 들려오지 않고, '조용하고 작은 소리'라서 덮어 눌러 버리기 쉽기 때문이다.

그러나 그렇게 하는 한 인생은 하나의 '길'이 되지 못할 것이다. 제아무리 성공과 향락을 누리고 제아무리 권세를 떨치거나 공적을 쌓더라도, 이 소리에 정면으로 응하지 않는 한 그의 삶은 길이 없을 것이다.

아담은 소리를 바로 듣고는 자신의 궁지를 인정하면서 "저는 숨었습니다" 하고 고백한다. 이

것이 인간된 길의 시작이다. 이 결정적 마음 살핌이야말로 인생의 길이 트이는 시초다. 거듭거듭 사람다운 길을 터 준다.

다만 마음 살핌이 결정적인 것은 길로 이끌어 주는 경우에 한해서다. 왜냐하면 자학과 실망과 갈수록 깊은 궁지로 모는 부질없는 마음 살핌도 있기 때문이다.

하느님의 물음, 진리의 물음을 시늉하는 하나의 악마적 물음, 가짜 물음도 있다. 이런 물음의 특성은 "너 어디 있느냐?"에 그치지 않고, 더 나아가서 '지금 네가 와 있는 데서부터는 빠져나갈 길이 없다'고 보탠다. 이것은 그릇된 마음 살핌이다. 돌아서서 길을 찾아들도록 사람을 재촉하는 대신 돌아선다는 것부터가 가망 없는 일임을 보여 줌으로써, 돌아섬이 전혀 불가능하게 여겨져 이제는 오직 사악의 오만인 악마적 오만으로밖에는 살아 나갈 수 없다고 생각되는 궁지로 사람을 몰아넣는다.

독특한 길

하루는 라도시츠의 도브 베르라는 라삐가 '루블린의 달관자'라 불리는 그의 스승에게 "하느님을 섬기는 보편적인 길을 하나 가르쳐 주십시오" 했다.

그러자 차딕은 이렇게 대답했다. "사람들에게 어느 길로 가라는 말은 도저히 할 수 없소. 하느님은 배움으로 섬길 수도 있고 기도로 섬길 수도 있는가 하면 단식으로 섬길 수도 있고 먹음으로 섬길 수도 있기 때문이오. 각자 자기 마음이 어디로 기우는지를 잘 살펴서 힘을 다해 그 길을 택해야 하오."

이 이야기가 우리에게 우선 말해 주는 것은 우리 이전에 남들이 한 모든 참된 봉사와 우리 자신과의 관계에 관한 것이다. 우리는 남들이 한 봉사를 존경하고 거기서 배워야 하지만 그대로 흉내 내서는 안 된다. 다른 이들이 행한 위대하고 거룩한 일들은 우리에게 표양이 된다. 위대함과 거룩함이 무엇인지를 구체적으로 보여 주기 때문이다. 그러나 우리가 보고 그대로 본받을 것은 못 된다. 우리 자신이 달성하는 것이 선대의 그것에 비기면 아무리 미소하다 하더라도, 우리 나름대로 그리고 우리 자신의 노력으로 이루어진다는 데에 그 진가가 있는 것이다.

하루는 하시딤 한 사람이 졸로치우(갈리치아 동부의 한 마을)의 마기드(전도사)에게 이렇게 물었다. "이스라엘에서는 누구나 '내가 하는 일이 언제 선조 아브라함·이사악·야곱께서 하신 일과 비슷해질 날이 올까?' 하고 말해야 한다고 우리는 배웠습니다. 이 말씀은 어떻게 새겨야 하겠습니까? 우리로서 어찌 감히 선조들이 하신 것을 해내리라고 생각인들 할 수 있겠습니까?”

라삐는 이렇게 풀이했다. “우리 선조들도 봉사에 있어 각자 개성에 따라 사랑의 봉사, 공의의 봉사, 아름다움의 봉사 등 새로운 길을 터 주셨듯이, 우리도 가르침의 이해나 봉사에 있어 각자 나름대로 새로운 무엇을 마련해 아직 아무도 안 한 일을 해야 하오.”

이 세상에 태어나는 사람이면 누구나 새로운 무엇, 그 이전에 있은 적이 없던 무엇, 근원적이고 유일무이한 무엇을 의미한다. “이스라엘에서는, 독특한 개성으로 보면 자기가 세상에서 유일하고 자기 같은 사람이 세상에 있은 적이 없었음을 각자가 깨닫고 생각해야 하오. 있었다면 그가 세상에 존재해야 할 필요가 어디 있겠소. 사람은 하나하나 세상에서 새로운 존재이고, 세상에서 자기의 특성을 실현하도록 부름을 받소. 진실로 이것을 행하지 않는 것이 바로 메시아의

왕림이 늦어지는 까닭이오." 각 사람의 우선적 과제는 자신의 유일무이하고 전례도 없고 반복도 없을 가능성을 실현하는 일이지, 비록 그가 가장 위대한 자였다 하더라도 남이 이미 성취한 것을 되풀이하는 일은 아니다.

현자 라삐 부남은 고령에 이르러 눈이 멀고 난 뒤에 이런 말을 한 적이 있다. "나는 우리 선조 아브라함과 자리를 바꿀 마음이 없다. 아브라함이 눈먼 부남같이 되고 눈먼 부남이 아브라함같이 된다면 하느님께 무슨 보탬이 되겠느냐. 그런 변이 일어나는 것보다는 오히려 내가 좀 더 나 자신이 되도록 힘써 보겠다."

이와 똑같은 생각을 라삐 주샤는 임종하기 직전에 더 함축적으로 천명한 바 있다. 그는 이렇게 말했다. "내세에서 나보고 '너는 왜 모세가 아니었느냐?'라고 묻지는 않고, '너는 왜 주샤가 아니었느냐?'라고 물을 것이다."

여기서 우리가 보는 것은 인간들이 본질적으

로 서로 같지 않다는 사실에 입각하는 가르침이다. 따라서 인간들을 똑같게 만들려고 들지 않는 가르침이다. 모든 사람이 다 하느님께 나아갈 수 있으나 각자 나아가는 길은 다르다. 인류의 가장 큰 희망은 사람 간의 바로 이런 다름에 있다. 능력과 성향이 서로 다른 데에 있다. 하느님이 모든 것을 포괄하시는 힘은 하느님께 나아가는 길의 무한한 다양성, 각각 한 사람에게만 열려 있는 이 다양성에서 드러난다.

세상을 뜬 어느 의인의 제자들이 '루블린의 달관자'를 찾아와 그의 관습이 돌아가신 스승의 그것과 다름을 보고 의아해하자 달관자는 "한 가지로밖에 섬김을 받을 줄 모르는 하느님이시라면 그게 무슨 하느님이겠느냐?" 하고 외쳤다. 각 사람이 자기 자리에서, 그리고 자기 개성이 정해 준 대로, 하느님께 이를 수 있다는 사실로 인해 온 인류가 모두 서로 다른 길을 가는 다양한 걸음으로 하느님께 다다를 수 있는 것이다.

하느님께서 "이 길은 내게로 이끌지만 저 길은 내게로 이끌지 않는다"라고 말씀하시지는 않으신다. 대신, "네가 하는 일은, 너를 내게 이끌도록 하기만 한다면, 무엇이든 내게로 오는 길일 수 있다"라고 말씀하신다. 그러나 바로 다름 아닌 이 사람만이 할 수 있고 또 해야 하는 것이 무엇인가는 오직 그 자신 안에서 그에게 계시될 수 있다. 이런 의미로는, 이미 말했듯이, 다른 어떤 사람이 성취한 것을 공부해 그와 같아지려고 한다면 그것은 길을 헛 가는 셈이 된다. 그렇게 함으로써 사람은 자기만이 하도록 불린 바로 그것을 놓치기 때문이다. 바알 셈 토브[근대 하시딤의 창시자 라삐 이스라엘 벤 엘리에제르(1700~1760)의 별칭으로 '성스러운 이름의 큰 스승'(聖名大師)이라는 뜻]는 말하기를 "각자는 자기 자리에 맞게 행동해야 한다. 그렇지 않고 남의 자리를 차지하면서 자기 자리를 버린다면 이것도 저것도 실현하지 못할 것이다"라고 했다. 이처럼 사람이 하느님께 이를 수 있는 길은 자기 자신을 앎으로써만, 즉 자신의 실재, 자기 본유의 자질과 성향을 앎으로써만 그에게 계시되는 것이다. "사람마다 아무에게도 없는 귀중한 무엇을 자신 안에 지니고 있다." 그러나 사람이 지닌 이 귀중한 무엇이란 그가 자신의 가장 강한 느낌, 핵심적 원의, 가장 깊이 있는 자아를 움직이는 것을 참으로 알아차려야만 그에게 계시된다.

물론 많은 경우 사람은 자신의 이 가장 강한 느낌이라는 것을 특정한 정욕, 그를 미혹시키려는 어떤 '악한 충동'에서만 느낄 수 있다. 본래 사람의 가장 강한 욕망은 만족을 얻기 위해 그 길에 가로놓인 대상들에 우선적으로 쏠린다. 따라서 이런 느낌, 이런 충동의 힘까지도 우유적인 것에서 본질적인 것으로, 상대적인 것에서 절대적인 것으로 옮겨져야 한다. 그래야만 사람은 길을 찾는다.

어느 의인이 이런 말을 한 적이 있다. "일의 끝

에 가서는 모두에게 들려온다. ‘하느님을 두려워하라.’ 무슨 일이든 끝까지 추구하고 나면 끝에 가서는 ‘하느님을 두려워하라’, 이 한마디만 들을 것이다. 그리고 이 한 가지가 모두다. 세상에 하느님 경외와 하느님 섬김의 길을 가리키지 않는 것은 아무것도 없다. 모든 것이 계명이다.”

우리가 태어난 이 세상에서 길을 갈 때 우리 마음을 끄는 모든 것, 우리가 만나는 사물들과 만나는 사람들에게서 돌아서는 것이 결코 우리의 참 과제일 수는 없다. 우리의 과제는 바로 그들과의 관계를 거룩하게 함으로써 접촉하는 데에 있다. 하시딤은 세상 기쁨이, 이를 우리의 온 존재로써 거룩하게 한다면, 하느님 기쁨으로 이끈다고 가르친다.

‘달관자’ 이야기에서 이와 어긋나는 듯한 점이 하나 있다. ‘길’의 여러 예 가운데 먹는 것뿐 아니라 단식도 들어 있다. 그러나 이 점도 우리가 하시딤의 전반적 가르침을 배경 삼아 생각해

본다면, 자연의 초월 내지 자연생활의 절제가 사람에 따라 실존의 어떤 결정적 계기에 와서는 자신의 '길'의 필요한 기점이거나 자신을 외따로 찾기 위한 필요한 행위일 수도 있으나 결코 길 전체일 수는 없다. 어떤 사람들은 단식으로 거듭거듭 출발해야 한다. 고행으로써만 세상에의 예속에서 해방을 얻고 가장 깊은 마음 살핌 그리고 절대자와의 궁극적 화합을 얻는 것이 그들의 특성이기 때문이다.

그러나 고행이 인간의 삶을 지배해서는 결코 안 된다. 인간이 자연을 떠나도 좋은 것은 자연으로 되돌아가기 위함이며 자연과의 성화된 접촉에서 하느님께 가는 제 길을 찾기 위해서다.

아브라함과 그를 찾아 준 세 천사에 관한 성경 대목을 보면 "그들이 나무 밑에서 먹는 동안 그는 그들 위에 서 있었다"라고 되어 있다. 라삐 주샤는 이 구절을 사람이 천사들보다 높다는 뜻으로 풀고 있다. 사람은 그들이 모르는 것을 알고 있기 때문이라는 것이다. 즉, 먹는 행위가 먹는 이의 의향으로 인해 거룩해질 수 있음을 알기 때문이라는 말이다. 먹는 데에 서툰 천사들이 아브라함을 통해 먹음을 하느님께 바치던 그의 의향에 참여했다는 것이다. 어떠한 자연 행위도 일단 성화되면 하느님께로 이끌고, 그 어느 천사도 할 수 없는 일인 자연의 성화를 위해 자연은 사람이 필요한 것이다.

결심

루블린의 라삐가 이끌던 하시딤 중 한 사람이 한번은 안식일부터 그다음 안식일까지 단식을 했다. 금요일 오후가 되자 목이 말라 죽는 줄 알았다. 그러나 한두 시간만 더 견디면 될 것을 가지고 자기가 한 주일 내내 해 오던 일을 망치려 할 판임을 순간 깨달았다. 물을 마시지 않고 그냥 우물에서 물러섰다. 그러자 어려운 시련의 고비를 넘겼다는 자만심이 생겼다. 이것을 깨닫자 그는 '내가 차라리 가서 물을 먹는 것이 마음을 교만에 빠뜨리는 것보다는 낫겠다'고 속으로 생각했다. 그래서 도로 우물가로 갔는데, 허리를 굽혀 물을 길으려고 했더니 갈증이 없어졌다.

안식일이 시작되자 그는 스승의 집을 찾아갔다. 문턱을 막 넘는데 라삐는 그에게 "쪽모이" 하고 호통하더라는 것이다.

젊어서 이 이야기를 처음으로 들었을 때 스승이 열심한 제자를 다루는 모진 품에 나는 놀랐다. 제자는 어려운 고행을 해내느라 최선을 다한다. 중단하려는 유혹을 받고도 그 유혹을 이겼는데, 그 고생을 하고 나서 고작 받은 보상이라고는 스승의 꾸지람뿐이다. 하기야 제자의 첫째 애로는 영신을 누르는 육신의 힘 때문이었다. 하지만 둘째 애로는 참으로 고상한 동기에서 비롯된 것이었다. 성공을 위해 자만에 빠지는 것보다는 차라리 실패하는 것이 낫다는 생각이었다. 어찌 내심의 이런 고투 때문에 꾸지람을 들어야 한단 말인가? 그것은 인간에게 무리한 요구를 하는 것이 아닐까?

오랜 훗날 전승된 이 이야기를 나 자신이 되

풀이하게 되었을 때, 그것이 인간에게 무엇을 요구하는 이야기는 아님을 깨달았다.

루블린의 의인은 고행을 반기는 사람이 아니었던 만큼 제자의 단식은 그의 호감을 사기 위한 것일 수는 없었고, 제자 자신의 영혼을 더 높은 경지로 이끌어 올리기 위한 것이었다. 단식이 인격을 도야하는 첫 단계에서는 이런 역할을 할 수 있고 또 나중에도 삶의 중요한 고비에서는 그렇다고 달관자 자신도 시인한 바였다.

제자가 하겠다고 나서서 하는 일이 되어 가는 품을 뚫어 본 스승이 그에게 한 말의 참뜻은, '그런 식으로 해서는 더 높은 경지에 제대로 이르지 못한다'는 것이었다. 제자가 목적을 달성하지 못하게 할지도 모르는 무엇인가에 대한 경고였다. 그 '무엇'의 내용은 분명해진다. 꾸지람을 받은 것은 내친걸음을 되돌렸다는 점이다. 머뭇거리고 망설이는 거동이 석연치 않아 못마땅했던 것이다. '쪽모이'의 반대는 '통째'로 된 일이

다. 다만 어떻게 하면 일을 '통째'로 할 수 있는
가. 한마음으로 하면 된다.

그렇다 치더라도 '제자가 너무 모진 다스림을
받지 않았는가' 하는 생각은 좀처럼 가시지 않
는다. 세상 돌아가는 것을 보면 어떤 이는 '본성'
으로 그런지 '은총'으로 그런지 아무튼 한마음,
통째로 된 마음을 가졌기 때문에 한결같은 일,
통째로 된 일들을 하는데, 그것은 그렇게 생긴
마음이 움직여 주는 덕분이다. 그런가 하면 어
떤 이는 여러 갈래로 복잡하고 갈등이 있는 마
음의 임자라서 필연적으로 그 행동도 그렇게 된
다. 행동의 온갖 애로와 불안이 마음의 애로와
불안에서 비롯된다. 갈팡질팡하는 마음이 갈팡
질팡하는 행동으로 드러난다.

이렇게 생긴 사람이라면 살아 나가다가 세운
어떤 목표로 가는 길에 닥쳐오는 유혹을 극복하
려고 노력할 수밖에 달리 무슨 도리가 있겠는
가. 하기로 한 일을 하면서 그럴 때마다 정신을

차려 흔들리는 마음을 잡고 다시 목표에 전념하는 도리밖에 없지 않은가. 더 나아가서 이야기의 주인공의 경우처럼 자만을 느낀다면 영혼을 구하기 위해서 목표를 희생할 용의를 가질 수밖에 있겠는가.

이런 물음에 비추어 이야기를 되새겨 보아야 비로소 달관자의 비난에 담긴 가르침을 깨달을 수 있다. 그 가르침이란 사람이 능히 자기 마음을 하나 되게 할 수 있다는 것이다. 여러 갈래로 복잡하고 갈등이 있는 마음도 그럴 가망이 있다는 가르침이다. 사람 마음의 핵심, 저 영혼 깊이에 있는 신적인 힘은 마음에 작용해 변화를 일으켜 서로 엇갈리는 힘들과 여러 요소를 하나로 묶고 융합할 수 있다는 말이다. 다만 비범한 일을 하겠다고 나서기 '전'에 이런 통일이 이루어져 있어야 한다. 하나 된 마음으로 해야 쪽모이가 아닌 통째 일을 해낼 수 있다는 것이다.

그러니까 달관자가 탓하는 것은 제자가 우선

자기 마음도 통일하기 전에 일을 벌였다는 점인데, 한마음이란 결코 일의 중도에서 얻어지지 않기 때문이다. 그렇다고 고행으로 달성되는 것도 아니다. 고행이 비록 정화하고 집중시키기는 하나 목적에 이를 때까지 영혼의 공적을 보전해 주지는 못한다. 영혼을 자신의 모순에서 지켜 주지는 못한다.

물론 잊어서는 안 될 것이 하나 있다. 영혼의 통일이 결코 결정적일 수는 없다는 점이다. 태어날 때부터 남달리 마음이 하나인 사람도 가끔 내심의 어려움을 겪듯이, 하나 된 마음을 얻느라고 안간힘으로 고투하는 사람도 역시 하나 됨을 완전히 얻지는 못한다.

그러나 어떤 일이든 한마음으로 하는 일은 내 마음에 작용해 새롭고 더 깊은 하나 됨으로 나를 이끌어 주어, 온갖 에도는 길을 거쳐서라도 나로 하여금 전보다는 든든하고 꾸준한 하나 됨을 얻게 한다. 그리하여 마침내 사람이 자기 마음을 믿을 수 있는 경지에까지 이른다. 이제는 하나 됨이 그만큼 커져, 갈등을 무난히 이겨 내기 때문이다. 그런 경지에서도 경계심은 여전히 필요하지만, 그것은 이제 태연해진 경계심이다.

성전 봉헌 축제(Hanukkah, 여드레 동안)의 어느 날 리진의 라삐의 아들 라삐 나훔이 생각지도 않은 때에 서당에 들어와 보니 제자들이 그 시절 풍습대로 장기(열두 말로 노는 서양 장기 체커)를 두고 있었다. 제자들은 의인을 보자 무안해서 장기 두기를 그쳤다. 그러나 스승은 인자한 눈으로 고개를 끄떡이며 "자네들 장기 두는 법을 아나?" 하고 물었다. 제자들이 부끄러워서 아무 말도 못 하자 그는 자기가 물은 말에 스스로 이렇게 답했다. "그래, 내가 장기 두는 법을 말해 주지. 첫째 규칙, 한꺼번에 말을 두 번씩 놀리지 못함. 둘째, 앞으로만 가야지 뒤로는 가지 못함. 셋째, 저쪽 끝줄에 가 닿으면 어디로든 마음대로 가도 좋음."

다만, 영혼의 통일이라는 말에서 영혼이 영육으로 된 사람 전체를 뜻함을 깨닫지 못한다면 그것은 크나큰 오해다. 육신의 모든 힘과 몸의 모든 지체가 하나 되지 않으면 영혼도 하나 될 수 없다. 바알 셈은 "네 손이 찾아 하는 일을 네 온 힘을 다하여 하라"라는 성경 구절을 이렇게 풀이했다. "어떤 일을 하든 온몸으로 해야 한다. 사람의 혼백이 남김없이 거기 참여해야 한다. 이처럼 영육이 하나가 된 사람이라야 일을 통째로 하는 사람일 수 있다."

시작은 자기로부터

바르카의 라삐 이츠하크가 하루는 이스라엘 유지들을 대접하면서 성실하고 유능한 종이 살림에 얼마나 소중한가를 손님들과 더불어 이야기하고 있었다. 모두 종이 좋아야 살림도 좋아진다고 하면서 모든 일을 번창케 한 요셉의 예를 들었다. 라삐 이츠하크는 이론을 제기했다. "저도 전에는 그렇게 생각했지요. 그런데 저의 사부께서 만사는 집주인에게 달렸다는 것을 깨우쳐 주셨답니다. 저도 젊었을 때는 집사람 때문에 성화였는데, 저 자신은 그런대로 견딜 수 있었지만 종들이 딱했죠. 그래서 사부이신 렐로프의 라삐 다비트를 찾아뵙고 제 처와 다투어야 할지 여쭈어보았어요. 그랬더니 다른 말씀은 없으시고 그저 '왜 나한테 그 말을 하나, 자네 자신에게 말하지' 하시더군요. 그것이 무슨 말씀인지 한참 곰곰이 생각한 끝에야 비로소 알아들었어요. 언제 알아들었느냐 하면 바알 셈의 말씀이 떠올랐을 때였지요. '생각과 말과 행위가 있다. 생각은 아내에 해당하고 말은 자식에 해당하고 행위는 종에 해당한다. 이 셋에 대해 자신을 바로잡는 자라면 그가 하는 모든 일이 잘될 것이다.' 그제야 사부의 말씀을 알아들었답니다. 모든 것은 내게 달렸다는 거지요."

이 이야기는 우리 생활에서 가장 심각하고 어려운 문제 중의 하나와 관련된다. 사람과 사람 사이에 일어나는 알력의 참 원인이 그것이다.

알력이 겉으로 드러나면 서로 다투는 쌍방이 시비의 원인으로 여기는 동기나 그런 동기를 자아낸 쌍방이 개입된 객관적 상황 또는 과정을 가지고 그 알력을 해명하려는 것이 보통이다. 아니면 더 깊이 파헤쳐, 마치 병의 외적 증상이 기관의 장해에서 기인하듯, 이들 동기가 기인하는 잠재의식적 고장을 살펴보려 한다. 하시딤의 가르침도 외적 생활의 문제를 내적 생활의 그것에서 본다는 점에서는 비슷하다 하겠다. 그러나 두 가지 요점에서 다르다. 그 하나는 근본적이고 다른 하나는 실질적인데, 후자가 전자보다도 중요하다.

근본적 차이점은 하시딤의 가르침이 특정한 심리적 병증을 알아내려는 게 아니라 인간을 하나의 전체로 보려는 데에 있다. 이것은 결코 물량적 차이는 아니다. 전체에서 구성 요소 또는 부분적 과정을 떼어 놓으면 전체를 이해하는 데 지장이 있고, 참다운 변혁, 참다운 복원은 우선 개인에 있어, 또 개인과 동료 인간들과의 관계에 있어, 전체를 전체로서 파악함으로써만 성취된다는 관념을 하시딤은 가지기 때문이다(이것을 역설적으로 표현하자면, 중력의 중심을 찾아 헤매면 그 중심이 이리저리 움직여 문제를 해결하려던 노력이 오히려 수포로 돌아가는 것과도 같다). 그렇다고 영혼의 온갖 현상을 고려할 필요가 없다는 말은 아니다. 다만 그 어떤 현상도 다른 모든 것을 보는 기점이 될 정도로 관심의 중심이 되어서는 안 되며, 도리어 모든 현상이 따로따로가 아니라 다 같이 서로 연관된 기점들을 이루어야 한다는 말이다.

실질적 차이점을 본다면 하시딤의 가르침에서는 인간을 검토의 대상으로 보지 않고 그에게 "자신을 바로잡으라"라고 호소한다. 사람이 우선 깨달아야 할 것은 자신과 남들과의 알력에 있어 이 남들이 다름 아닌 자기 영혼 내의 알력이 빚은 결과라는 진리다. 이것을 깨닫고 나서 이 내적 갈등을 극복하도록 노력해야 마침내는 동료 인간들에게 가서 새롭고 달라진 관계에 들어갈 수 있다.

　그러나 이런 결정적 전복을 피하려고 저절로 애를 쓰는 것이 인간이다. 세상과의 타성적 관계에 젖어 있는 인간에게는 몹시 불쾌한 일이기 때문이다. 그에게 그런 전향을 호소하는 자에게, 자기 마음이 호소한다면 자기 마음에게, 송사에는 언제나 두 편이 있다고 지적하면서, 자기가 외적 대결에서 내적 대결로 마음을 돌려야 한다면 응당 상대방도 자기처럼 그렇게 해야 한다고 들고나온다.

　그러나 바로 이런 식으로 자신을 다른 개인들에 대립하고 있는 한 개인으로만 보고, 그 개혁이 세상의 개혁에 이바지할 수 있는 진정한 인격으로 자신을 보지 않는 관념이야말로 하시딤의 가르침이 배척하는 근본 오류다.

　가장 중요한 것은 자기로부터 시작하는 일이다. 이 순간에는 이 시작밖에 세상에 마음 쓸 일이 없다. 다른 어떠한 태도도 시작하려는 일을 앞에 둔 마음을 산란케 하고 기를 꺾어 버려 모처럼 과감히 하려던 바를 실패하게 할 뿐이다.

라삐 부남은 이렇게 가르쳤다. "우리 성현들은 '네 자리에서 평화를 찾으라' 하고 말씀하신다. 네 자신 안에서밖에는 아무 데서도 평화를 찾아 얻지 못할 것이다. 시편에서도 '저의 죄로 제 뼈는 온전한 데 없습니다'라고 적혀 있다. 사람은 자신과 평화를 이루었으면 온 세상에 평화를 이룰 수 있다."

그러나 이런 말에 실마리가 된 이야기가 외적 알력의 참 원인, 즉 일반적 의미에서의 내적 알력을 밝혀내는 데 그치지는 않는다. 그 이야기에 인용된 바알 셈의 말씀은 결정적인 내적 알력이 과연 무엇인가를 정확히 알려 준다. 그것은 인간의 존재와 생활에 작용하는 말과 생각과 행위라는 원리 사이의 알력이다.

나와 인간들 사이에 일어나는 모든 충돌은 내가 뜻하는 바를 말하지 않고 말하는 바를 행하지 않는 데서 비롯된다. 이런 처사는 나와 남 사이의 상황을 번번이 그리고 점점 더 흐리게 하고 해쳐, 나 자신이 안으로 무너지면서 더는 그 상황을 다스릴 수 없게 되고 바랐던 바와는 정반대로 그 노예가 되게 한다. 우리는 자신의 모순과 자신의 거짓으로 충돌의 상황을 조장하며 우리를 지배하고 예종시킬 힘을 그런 상황에 주는 것이다. 이렇게 된 마당으로부터는 모든 것이 내게 달렸다는 결정적 각성과 나 자신을 바로잡으리라는 결정적 용단으로밖에 헤어날 길이 없다.

그러나 인간이 이 큰일을 해내려면 자기 존재의 우연하고 부차적인 요소를 떠나 본연의 자아를 찾아야 한다. 이기적인 한 개인의 하찮은 자아가 아닌 본연의 자아, 세상과의 관계에 살고 있는 인격자로서의 깊은 자아를 찾아야 한다. 이 역시 우리의 모든 습성에 거슬리는 일이다.

이제 어느 의인이 이야기해 준 농담으로 이 장을 마무리하기로 한다.

라삐 헤노흐가 한 이야기다.

옛날에 아주 멍텅구리가 하나 살았다. 아침에 일어나면 옷을 찾아 입기가 너무 어려워, 밤이 되면 이튿날 깨면서 또 고생할 생각이 끔찍해서 잠자리에 들기를 꺼릴 정도였다. 그러다가 하루 저녁 큰 노력을 해 연필과 종이를 가져다 놓고 옷을 한 가지씩 벗는 대로 어디다 놓았는지를 정확히 적어 두었다. 그 이튿날 아침 매우 만족한 그는 종이쪽을 들고 "모자" 하고 읽으면 모자가 있어서 머리에 쓸 수 있었고, "바지" 하면 바지도 있어서 입을 수 있었다. 이런 식으로 옷을 다 입도록 계속했다. "자, 그건 다 좋았는데 나 자신은 어디 있지" 하고 크게 당황하면서 물었다. "내가 도대체 세상 어디에 있는 거지" 하면서 두리번거렸으나 자기는 찾지를 못했다. "우리가 바로 그 모양이에요" 하고 라삐는 말했다.

아집

송치(서부 갈리치아 도시)의 라삐 하임은 아들을 라삐 엘리에제르의 딸에게 장가보냈다. 그는 혼인 이튿날 신부의 아버지를 찾아가 이렇게 말했다.

"이제 우리는 사돈 간이니 내 마음을 괴롭히는 게 무엇인지 격의 없이 말씀드리리다. 보세요, 나는 머리며 수염이며 다 허옇게 셌는데도 여태 속죄를 못했지 뭡니까."

"영감님은 당신 생각만 하고 계시네요. 자기는 잊어버리시고 세상 생각 좀 하시면 어떨까요" 하고 라삐 엘리에제르는 대답했다.

이 말은 이제까지 본 하시딤의 가르침과 어긋나

는 듯할 것이다. 사람은 각자 자기 마음을 살피고, 자기의 독특한 길을 택하고, 자기 존재가 하나 되게 하고, 자기로부터 시작하라는 말을 우리는 들어 왔다. 그런데 이제는 자기를 잊어버리라고 한다.

그러나 이 가르침을 더 깊이 살펴보면 다른 가르침들과 조화를 이룰뿐더러 전체 안에 꼭 있어야 할 하나의 연결로, 필요한 한 단계로 맞아들어감을 알 수 있다. 이 점은 '무엇 하러'라는 물음 하나로 드러난다. '나는 무엇 하러 나의 독특한 길을 택해야 하는가. 무엇 하러 내 존재가 하나 되게 해야 하는가.' 이렇게 물으면 '나 스스로를 위해서는 아니다'는 답이 나온다. 그렇기 때문에 이에 앞선 가르침은 자기로부터 '시작' 하라는 것이었다. 자기로부터 시작하라고 했지 자기에게서 그치라고 하지는 않았다. 자기를 출발점 삼되 목표 삼지는 말라는 말이다. 자기를 파악하되 자기에 사로잡히지는 말라는 말이다.

우리는 이 이야기에서 슬기롭고 독실하고 자상한 한 의인이 노경에 들어 아직도 참다운 회개를 못했음을 스스로 나무라고 있음을 본다. 그에게 주어진 답은 얼핏 보기에 그가 자신의 죄를 과대평가하고 이미 한 속죄를 과소평가하고 있다는 소견에서 나온 듯하다. 그러나 라삐 엘리에제르가 말한 바는 그보다 한걸음 더 나아간다. 그의 말은 넓은 의미로 이런 뜻이다. '네가 잘못한 것에 대해서 계속 근심하지 말고, 지금 자책하느라 낭비하고 있는 정신력을 오히려 본연의 소명대로 세상과의 적극적 관계에 쏟으라. 네가 관심을 기울여야 할 데는 너 자신이 아니라 세상이다.'

우선, 우리가 여기서 올바로 알아들어야 할 것은 돌아섬에 관한 말이다. 돌아섬이 사람의 길에 대한 유다 관념의 중심을 이루고 있음은 누구나 아는 바다. 돌아섬은 사람을 안에서부터 새롭게 하고 하느님 세계 안에서 그의 처지를 바꿔 놓을 수 있다. 그리하여, 돌아서는 자가 죄의 깊은 수렁을 모르는 완전한 의인도 능가하는 것으로 여겨진다.

다만 돌아섬이란 참회나 속죄의 행위보다 훨씬 위대한 무엇을 뜻한다. 돌아섬이 여기서 뜻하는 바는 자기 존재를 송두리째 돌이킴으로써 언제나 자신을 목적 삼는 이기심의 미궁에 빠졌던 사람이 하느님께로 가는 길, 즉 바로 그 사람이 하기로 하느님이 결정하셨던 독특한 그 일을 성취하는 길을 찾아 얻게 된다는 것이다.

참회는 그러한 적극적 돌아섬을 위한 자극일 따름이다.

참회한답시고 애만 태우는 사람, 자신의 속죄 행위가 모자란다고 번민하는 사람은, 돌아섬이라는 일에 써야 할 가장 요긴한 힘을 움켜쥐고만 있는 셈이다. 속죄의 날 강론에서 게르의 라삐는 이런 자학에 대해 경종을 울렸다.

"잘못을 저지르고 나서 줄곧 그 잘못에 대한

말만 하고 생각만 하는 자는 자기가 행한 저열한 그것을 마음에서 뿌리치지 못하고 있는 형편입니다. 사람이란 생각이 가 있는 거기에 자신도 갇혀 있고, 사람 영혼이란 생각하는 그것에 온통 잠겨 있게 마련이므로, 그런 자는 저열한 것에 머물고 있는 것입니다. 그는 결코 돌아서지 못할 것입니다. 그의 정신은 점점 거칠어지고 마음은 점점 완고해지며 더구나 우울에 억눌리기 쉽기 때문입니다. 그래, 어쩌자는 말입니까. 똥을 이리 쓸고 저리 쓸어 본들 똥은 똥입니다. 내가 죄를 지었는가 안 지었는가 해 봐야 하늘에 무슨 소용이 있단 말입니까. 그렇게 꿍꿍거릴 겨를이 있으면 차라리 하늘을 기쁘게 하기 위해 진주알을 꿰고 있을 수도 있는 일입니다. 그렇기에 성경에도 '악을 피하고 선을 행하여라'고 했습니다. 악에설랑 아예 돌아서서 더는 거기 마음을 쓰지 말고 선을 행하십시오. 그대는 잘못을 저질렀습니까? 그렇다면 선을 행함으로써 이에 대처하십시오."

그러나 우리 이야기의 참뜻은 여기서도 그치지 않는다. 아직 충분한 속죄를 못했다고 자신을 줄곧 괴롭히는 사람은 결국 자기 영혼의 구원, 자기 개인의 영원한 운명을 걱정하는 사람이다. 이 목표를 배제함으로써 하시딤은 유다교 신앙의 보편적 가르침에서 하나의 결론을 내렸을 따름이다.

그리스도교와 유다교의 서로 다른 요점 중 하나는, 전자는 각자의 구원을 지상 목표로 삼고 있다는 사실이다. 유다교는 사람의 일로 하느님 나라가 될 하느님 창조의 일꾼으로 각 사람의 영혼을 보고 있다. 따라서 그 어느 영혼도 자신이나 자신의 구원을 목표 삼지 않는다.

물론 영혼마다 자신을 알고, 정화하고, 완성해 나가야겠지만 그것은 자신을 위해서가 아니라 세상을 대상으로 행하기로 불린 바로 그 일을 위해서다. 현세에서의 행복을 위해서도 아니고 영원한 복락을 위해서도 아니다.

그러니까 자기 구원의 추구는 자기 지향의 가장 고상한 양상으로만 평가될 뿐이다. 하시딤이 가장 강력하게 배제하는 것은 자기 지향이다. 특히 자기를 찾아서 발전시킨 사람의 경우라면 더욱 그렇다.

"적혀 있기를, '이제는 코라(모세와 아론을 거슬러 작당한 레위파 사람)가 차지했다'고 했다"라고 라삐 부남은 말했는데 그가 과연 무엇을 차지했다는 말인가. 그는 자기를 차지하려고 했던 것이다. 따라서 그가 한 일은 아무 가치도 없을 수밖에 없었다. 그래서 부남은 영원한 코라를 영원한 모세와, 행동의 목표를 자기에 두지 않는 저 '겸손한' 사람과 대조했던 것이다. 라삐 부남은 또 이렇게 가르쳤다. "어느 시대에나 모세의 영혼과 코라의 영혼이 돌아온다. 그러나 앞으로 단 한 번이라도 코라의 영혼이 모세의 영혼을 승복하기만 한다면 코라는 구원될 것이다."

라삐 부남은 구원의 길을 가는 인류의 역사가 이를테면 두 가지 사람들로 엮이는 것으로 본 것이다. 그것이 경우에 따라 가장 고상한 양식일지는 모르나 아무튼 자기를 생각하는 오만한 자들과, 모든 일에 있어 세상을 생각하는 겸허한 자들로 엮인다는 것이다. 오만은 겸허를 승복해야만 비로소 구원될 수 있다. 그리고 오만이 구원돼야만 비로소 세상도 구원될 수 있다.

라삐 부남이 별세하자 앞서 속죄의 날 강론에 몇 마디 인용됐던 게르의 라삐는 말하기를 "라삐 부남은 일월성신의 열쇠를 쥔 분이었다. 그도 그럴 것이, 자기를 생각하지 않는 사람에게는 모든 열쇠가 주어지기 때문이다"라고 했다.

라삐 부남의 제자 중 가장 위대했고 차딕들 중에 참으로 비극적 인물이었던 코츠크의 라삐 멘델은 회중에게 이렇게 말한 적이 있었다. "내가 여러분에게서 요구하는 것이 결국 무엇입니까. 세 가지뿐입니다. 자신 밖을 몰래 내다보지 말 것, 남을 몰래 들여다보지 말 것, 자기를 목표 삼지 말 것, 이상입니다." 이 말은 첫째, 각자는 자기 영혼을 그 특성에 따라 제자리에서 성화해야지 남의 특성이나 처지를 부러워해서는 안 되며, 둘째, 자기나 다름없는 다른 인간의 영혼에 담긴 비밀을 각자는 존중해야지 뻔뻔스러운 호기심으로 침범해 약점을 잡으려 들어서는 안 되며, 셋째, 각자는 세상과의 관계에 있어 자기를 목표 삼지 않도록 조심해야 한다는 뜻이다.

제자리에서

라삐 부남은 처음 찾아오는 젊은이들에게 크라쿠프의 라삐 예켈의 아들 라삐 아이지크의 이야기를 해 주곤 했다. 라삐 아이지크는 여러 해를 몹시 가난하게 살았는데, 하느님을 향한 믿음은 흔들림이 없었다. 하루는 꿈에 어떤 이가 그더러 프라하에 가서 왕궁으로 건너가는 다리 밑에 있는 보물을 찾으라고 했다. 같은 꿈을 세 번째 꾸자 그는 여장을 하고 프라하로 길을 떠났다. 그러나 그 다리는 밤낮으로 지키고 있어 그는 땅을 팔 엄두를 못 냈다. 그래도 아침이면 다리로 가서 날이 저물도록 그 근처를 빙빙 돌곤 했다. 마침내 그를 눈여겨보던 경비대장이 친절

한 말씨로 무엇을 찾느냐 아니면 누구를 기다리
느냐고 그에게 물었다. 라삐 아이지크는 먼 나
라에서 그를 여기까지 오게 한 꿈 이야기를 들
려주었다. 경비대장은 껄껄 웃으며 이렇게 말했
다. "이런 딱한 양반이 있나. 그래, 꿈만 믿거라
하고 신창이 닳도록 여기까지 오셨단 말이군요.
꿈 이야기가 나왔으니 말씀이지, 나도 꿈을 믿
었더라면 꿈이 일러 주는 대로 크라쿠프까지 가
서 어떤 유다인이 사는 방 화로 밑을 팔 뻔했지
요. 그 유다인의 이름이 예켈의 아들 아이지크
라나요. 예켈의 아들 아이지크라. 생각만 해도
어이없는 노릇이죠. 거기 사는 유다인 중 반은
이름이 아이지크이고 반은 예켈인데 집집마다
다니며 찾아 헤맸을 생각을 하니, 참." 그러면서
또 한바탕 웃었다. 라삐 아이지크는 인사를 하
고 도로 집으로 돌아가 화로 밑에서 보물을 파
내어 "라삐 예켈의 아들 라삐 아이지크 교당"이
라 불리는 기도원을 지었다는 것이다.

　"이 이야기를 명심들 하게나" 하고 라삐 부남은 덧붙이면서, "그리고 거기 담긴 말을 자기 것 삼게. 이 세상 어디서도 찾을 수 없고 의인에게 가도 찾을 수 없으면서도, 한 군데에서만 찾을 수 있는 것이 있거든" 하는 것이었다.

　이것도 아주 오래된 옛이야기다. 여러 민속 문헌에도도 알려져 있지만 하시딤에 의해 전혀 새 형태를 갖추게 된 이야기다. 이 이야기는 그저 피상적으로 유다인 세계에 소개되었다기보다 하시딤 특유의 말씨로 다시 표현되면서 새로워졌다. 이런 변화 과정보다도 이야기에 담긴 뜻이 분명해져 하시딤다운 진리가 말을 통해 비친다는 점이 더 결정적이다. 이 이야기에는 교훈이 덧붙어 있지 않다. 그러나 이 이야기를 되풀이한 현자는 마침내 그 참뜻을 깨쳐 드러냈던 것이다.

　한 군데에서만 찾을 수 있는 것이 있다. 그것은 진귀한 보배로서 실존의 성취라고도 불릴 수 있는 것이다. 이 보배를 찾을 수 있는 곳은 바로 각자가 서 있는 제자리라는 것이다.

우리는 대체로 실존의 성취를 맛본 적이 없었음을, 자신의 삶이 참답고 성취된 실존에 참여하지 않고, 이를테면 실존을 그저 스치고만 지나감을 깨닫는 일이 극히 드물다. 그러면서도 언제나 부족을 느끼고 어디에선가 자신이 찾는 바를 얻으려고 애쓰는 것은 사실이다. 어디에선가, 세상 또는 마음 어느 구석에선가 그것을 찾아 얻으려 한다. 오직 제가 서 있는 자리, 제가 놓인 자리만은 빼놓고 말이다. 그러나 보배를 찾을 수 있는 곳은 다름 아닌 바로 그곳이다.

내가 당연하다고 여기는 환경, 내게 운명으로 주어진 처지, 날마다 내게 생기는 일들, 날마다 나를 부르는 일들이 나의 주요 소임과 내게 가능한 실존의 성취를 내포하고 있는 것이다.

어느 탈무드 대가는 하늘의 길들이 자기 마을 길들처럼 환했다고 한다. 하시딤의 가르침은 이를 뒤엎어 놓는다. 자기 고향 마을 길들이 하늘의 길들처럼 환한 것이 더 위대하다는 것이다. 우리는 자신이 자리하고 있는 바로 여기서 숨은 신적 생명의 빛을 밝히려 해야 하기 때문이다.

우리가 세상 끝까지 권세를 떨친다 한들 그 권세가 가까이 있는 삶과의 성실한 관계가 줄 수 있는 그런 실존의 성취는 우리에게 주지 못할 것이다. 우리가 드높은 세계의 신비를 안다 한들 일상 본분에서 오는 소임을 거룩한 뜻으로 다함으로써 우리가 이룩하는 그런 참다운 실존 참여를 그 앎이 실제로 베풀어 주지는 못할 것이다. 우리의 보배는 우리 집 밑에 묻혀 있는 것이다.

바알 셈은 우리가 살아 나가면서 만나는 사람이나 사물치고 숨은 의미가 없는 것이 없다고 가르친다. 우리가 함께 살거나 만나는 사람들, 농사를 돕는 짐승들, 우리가 일구는 땅, 쓰는 연장 이 모두가 우리를 기다린다. 이 모두에 담긴 신비로운 영적 본질이 순수한 형태, 즉 완성에 이르도록 돕는 일은 우리에게 달렸다. 우리가 가는 길에 주어진 이런 영적 본질을 등한시하고 순간순간의 목표만 생각하면서, 우리와 서로의 삶에 참여해야 할 사람들 및 사물들과 참다운 관계를 맺지 못한다면, 우리 자신도 참답고 성취된 실존에서 배제될 것이다.

이 가르침이 근본적으로 옳다고 나는 확신한다. 영혼의 가장 고상한 세련도 우리가 진지하게 임하는 그런 작은 만남에서 날마다 생명의 물을 대지 않으면 메마르고 헛되다. 가장 무서운 힘도 신비로우면서도 가까이 있는 존재와 이처럼 은밀히 연결되지 않으면 본래 무력하다.

어떤 종교들은 우리가 이 땅 위에 있는 동안을 참 삶으로 여기지 않는다. 우리에게 나타나는 모든 것은 한갓 허깨비여서 그 너머로 뚫고 들어가야 한다고 가르치거나, 아니면 참 세계의 문간에 불과해서 거기 마음을 두지 말고 어서 지나가야 한다고 가르친다. 이와는 반대로 유다교에서는 인간이 지금 이 자리에서 거룩한 뜻으로 하는 일이라면, 그것이 비록 세속적이지만 어디까지나 신적 존재와의 실질적인 연관으로서, 내세의 생명 못지않게 중요하고 참답다고 가르친다. 이 가르침이 하시딤에서 온전한 표현을 찾은 것이다.

라삐 헤노흐는 말하기를 "다른 겨레들도 두 세상이 있다고 믿고 있다. 그들도 '저세상에서는'이라는 말을 쓴다. 그러나 그들은 두 세상이 서로 떨어져 따로 있다고 생각하는 데 비해 이스라엘은 이 두 세상이 본질적으로 하나이고 과연 하나가 되리라고 믿는다는 점이 다르다"라고 했다.

이 두 세상은 본질에 있어 같은 것이다. 다만 서로에서 이를테면 멀어졌을 뿐이다. 그러나 본연대로 도로 하나가 될 것이다. 인간이 창조된 것은 이 둘을 하나로 묶어 주기 위해서다. 인간은 자신이 놓인 세상과의 관계 안에서, 자신이 선 자리에서 거룩하게 삶으로써 이 합일에 이바지한다.

한번은 사람들이 라삐 핀하스에게 빈민들의 비참을 이야기했다. 이 말을 들은 그는 수심에 잠겼다. 그러더니 고개를 들고 이렇게 말했다. "하느님을 이 세상에 이끌어 들입시다. 그러면 모든 곤궁은 사라질 것입니다."

그러나 하느님을 과연 이 세상에 이끌어 들일 수 있는가. 그런 생각은 건방지고 주제넘는 생각이 아닐까. 하찮은 벌레가 어찌 감히 하느님 은총에만 달린 일에 간섭하겠단 말인가. 하느님이 자신을 얼마만큼 당신 피조물에 베푸실지 누가 아는가.

이 경우에도 역시 유다교의 가르침은 다른 종교의 그것과 상반된다. 그리고 이 점 역시 하시딤에서 온전한 표현을 찾았다. 하느님 은총은 바로 인간이 하느님을 제 편 삼도록 허락하시고, 말하자면 사람 손에 당신을 맡기시는 데 있다. 하느님은 이 세상에 오시기를 원하신다. 그러나 인간을 통해 이리 오시기를 원하신다. 이것이 우리 존재의 신비이며 이것이 인류의 초인적 행운이다.

"하느님이 머무르는 곳은 어디입니까."

이 물음으로 코츠크의 라삐 멘델은 마침 그를 찾아온 선비들을 놀라게 한 적이 있다.

손님들은 멘델을 비웃었다. "그런 질문이 어디 있습니까. 세상이 온통 하느님 영광으로 가득한데."

그러자 라삐는 자신의 물음에 이렇게 답했다.

"하느님은 인간이 받아들이는 곳이면 어디에나 머무르십니다."

하느님을 받아들이는 것이 인간의 궁극적 목적이다. 그러나 우리가 하느님을 받아들일 수 있는 곳은 우리가 정말 서 있고 살아 있고 참 삶을 살고 있는 그곳뿐이다. 우리에게 맡겨진 작은 세상과 거룩한 관계를 맺고, 피조물계에서도 우리가 사는 바로 그곳에서 영적 본질이 구현되도록 돕는다면, 바로 우리 자리에 신적 현존의 거처를 마련하는 것이 된다.

마르틴 부버

마르틴 부버는 1878년 빈 태생으로, 당시 동유럽 유다계 학문 중심지였던 갈리치아에서 열네 살까지 대석학인 조부 솔로몬 부버 슬하에서 자라면서 히브리어·유다교 및 하시딤의 구비전설을 익혔다.

젊어서는 빈, 베를린 등 여러 대학을 편력하며 철학 및 미술사를 주로 전공하다가 1904년 스물여섯의 약관으로 박사 학위를 받았고, 1924년부터 프랑크푸르트 대학교에서 유다 사상에 관한 강의로 명성을 떨쳤다. 1933년, 히틀러 독재에 교직을 박탈당하자 몇 해를 유랑하다 1938년에 이스라엘에 정착해 히브리 대학교에서 다시 교단에 서서 사회학 및 교육학을 강의했다.

학창 시절부터 유다 민족의 신생 운동에 가담한 그는 특히 문화 및 정신 부흥에 진력했다. 『세계』*Die Welt*의 편집, 『유다인』*Der Jude* 및 『피조물』*Die Kreatur*의 창간 등도 이런 노력의 일환이었다.

그러는 동안 고대의 노자 및 플로티노스의 사상 그리고 중세 이후의 마이스터 에크하르트·야코프 뵈메 등의 신비 사상에도 심취했고, 키르케고르·도스토옙스키·니체 등의 영향도 받았다.

그러나 마침내 "일상적 종교 경험의 진리성"이라는 독보적인 사상이 차차 무르익으면서, 1923년에 펴낸 『나와 너』*Ich und Du*를 비롯해 1962년부터 1964년까지 스스로 편집·발간한 『전집』*Werke* 세 권에 이르기까지 허다한 명저로 크나큰 영향을 미쳤다.

문장에도 대가인 그의 철학과 하시딤 연구와

성경 연구가 고루 평형을 이루는 『전집』 외에도, 『구약성경』*Die Schrift* 독어 완역본은 불후의 명작이다.

부버는 현대 유다인의 사부로서 1965년에 향년 87세로 조용히 타계하셨다.

역자의 말

여든다섯의 원숙한 노경에 부버가 스스로 펴낸 『전집』의 제2권을 이루고 있는 "하시디즘에 관한 글"의 서문에서 저자는 벌써 1924년에 자신이 썼던 말을 새삼 인용하고 있다.

"내가 하시딤 문헌에 착수한 이래 가르침과 길이 내 마음을 사로잡았다. 그전에는 가르침이나 길을 그저 고찰하기만 할 수도 있고 또 그래도 되는 줄로 여기고 지냈다. 이제는 가르침은 배우라고 있고, 길은 가라고 있다는 것을 알게 되었다. 그렇다는 것을 더 깊이 깨달으면서 내 삶의 척도가 되기도 하고 채찍이 되어 주기도 한 이 일이 내게는 갈수록 물음이 되고 아픔이 되고 또 안위가 되었다.”

하시딤에 관한 부버의 방대한 글의 일부를 골라 우리말로 옮겨 본 동기도 이 물음과 아픔과 안위를 나누고 싶은 마음에서였다.

이 소책자에 소개된 이야기들의 원형은 부버가 수십 년 동안 다니면서 수집한 『하시딤 이야기들』이라는 일화집(*WERKE*, Bd. II, *Die Erzählungen der Chassidim*, 69-712)에 다소 다른 제목으로 뿔뿔이 흩어져 수록되어 있다. 그러나 왕년에 하시딤을 가르치던 현자들 못지않게 깊고 새롭고 참된 부버 자신의 말로 몇몇 이야기에 풀이를 덧붙인 “인간의 길”(Der Weg des Menschen, 713-738)이라는 글을 알리는 편이 하시딤의 가르침과 아울러 저자의 마음을 느끼는 지름길이라 생각되어 어설프게나마 옮겨 보았다.

1977년 사순절에